TABLEAUX

ET

ÉTUDES

PAR

Feu HECTOR VIGER

Meubles, Curiosités, Gravures, Livres

GARNISSANT SON ATELIER

VENTE

Par suite du décès de Mme P. VIGER

Et en vertu d'ordonnance

HOTEL DROUOT, SALLE N° 10

Les Vendredi 9 et Samedi 10 Février 1894

A DEUX HEURES

EXPOSITION PUBLIQUE

Le Jeudi 8 Février 1894, de 1 heure 1 2 à 5 heures 1/2

COMMISSAIRES-PRISEURS

M° J. BONNIN | M° Léon TUAL
Rue Taitbout, 62 | Rue de la Victoire, 56

Assistés de **M. B. LASQUIN**, Expert, rue Laffitte, 12

PARIS — 1894

IMPRIMERIE MAULDE ET RENOU

—

A. MAULDE & Cie

IMPRIMEURS DE LA COMPAGNIE DES COMMISSAIRES-PRISEURS

Rue de Rivoli, 144. — Paris

CATALOGUE

DES

Tableaux et Études

PAR

Fᴇᴜ HECTOR VIGER

Meubles, Bronzes

Costumes Empire, Louis XV et Louis XVI

Curiosités, Gravures, Livres

GARNISSANT SON ATELIER

DONT LA VENTE AURA LIEU

Par suite du décès de Mᵐᵉ P. VIGER

Et en vertu d'ordonnance

HOTEL DROUOT, SALLE Nᵒ 10

Les Vendredi 9 et Samedi 10 Février 1894

A DEUX HEURES

COMMISSAIRES-PRISEURS

Mᵉ J. BONNIN	Mᵉ Léon TUAL
Rue Taitbout, 62	Rue de la Victoire, 56

Assistés de **M. B. LASQUIN**, Expert, rue Laffitte, 12

CHEZ LESQUELS SE TROUVE LE PRÉSENT CATALOGUE

EXPOSITION PUBLIQUE

Le Jeudi 8 Février 1894, de 1 heure 1/2 à 5 heures 1/2

PARIS — 1894

(BN)

CONDITIONS DE LA VENTE

Elle sera faite au comptant.

Les Acquéreurs paieront CINQ POUR CENT en sus des adjudications.

N. B. — Toutes les peintures cataloguées sont encadrées.

Les dimensions indiquées sont celles de la toile prises à l'intérieur du cadre.

A. MAULDE et Cie, imprimeurs de la Compagnie des Commissaires-Priseurs, rue de Rivoli, 144. 500—30336

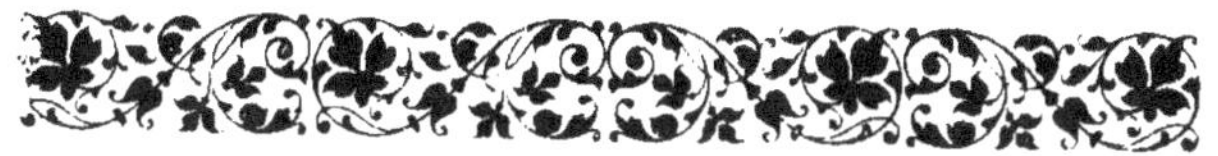

HECTOR VIGER

(1819-1879)

Dans quelques jours, l'atelier d'Hector Viger va disparaître. On se rappelle encore cet artiste qui, vers la fin du second Empire, eut son heure de vogue. Bercé par les récits de la Révolution et de l'Empire, Viger avait en grande partie consacré son talent à reproduire ces époques déjà lointaines mais que fait revivre aujourd'hui le goût du public.

Depuis sa mort, arrivée en 1879, sa veuve n'avait pas voulu toucher à l'atelier de celui qu'elle avait aimé; elle avait conservé la maison qu'ils occupaient passage Stanislas et n'avait pas voulu distraire un seul des objets qui avaient servi à la composition des tableaux de Viger. Aussi trouvons-nous dans cette vente, qui a lieu par suite de son décès, des Bronzes, des Meubles et des Costumes Empire, coudoyant les Tableaux et Études laissés par Hector Viger, et qui sont, par le fait, des documents historiques. En effet, à côté du panneau qui nous reproduit aussi exactement que possible la *Chambre de Joséphine à la Malmaison*, telle que Napoléon III l'avait reconstituée. nous voyons l'*Entrevue d'Alexandre Ier et de Joséphine*. le *Souvenir de la Malmaison*. scène où Bonaparte, près de Joséphine entourée de ses belles-sœurs et de dames d'honneur, offre une rose à la plus belle et les portraits des *personnages* qui illustrèrent le premier Empire. Ces portraits. parmi lesquels on remarque ceux de Joséphine. de Pauline Borghèse et de la reine Hortense. Viger les avait reproduits d'après Gros. Gérard et autres.

Tout cela a été pieusement conservé. on sent que Mme Viger passait dans cet atelier de longues heures, revivant au milieu de ses souvenirs et s'entretenant encore avec l'ombre de celui qui n'était plus et qu'elle ne devait revoir que dans un monde meilleur.

J.-L.-Hector Viger naquit à Argentan en 1819. Orphelin, sans fortune, après des études terminées au collège Bourbon, poussé par une vocation irrésistible. il entra d'abord dans l'atelier d'un élève de Guérin, le peintre Monvoisin. de là passa dans celui de Drolling. puis dans celui de Lehman.

A dater de 1845. il figure à presque tous les Salons, menant de front la peinture d'histoire, la peinture religieuse et la peinture de genre. A côté de portraits qui eurent un certain succès. il exposa des tableaux importants dont plusieurs figurent maintenant dans des musées. des églises et des établissements de l'Etat.

En 1859. il fait trois grands dessins pour les verreries du chœur de Saint-Leu *Le Christ*. *Moïse* et *Élie*. l'année d'après il exécute deux Vierges pour Brionne. En 1861. il expose *Saint Lazare débarquant à Marseille*. actuellement au musée de Semur et *Flore et Zéphyr*, une de ses œuvres de prédilection, où il se rapproche de Prud'hon et de Girodet, et qui va passer aujourd'hui sous le feu des enchères.

En 1863, Viger donne une *Mise au Tombeau* achetée par l'État pour l'église de Pomard, la préfecture de la Seine lui commande un Christ en croix pour le Palais de Justice de Paris, et il exécute en même temps *une Assomption* pour la chapelle du château de Champ-de-Bataille (Eure) et un triptyque : *la Foi, l'Espérance et la Charité*, dans le style du XVIe siècle, pour le château du marquis de Lambertye.

Mais ce n'est qu'après qu'il trouve sa note personnelle. Une riche Anglaise lui avait commandé un portrait de l'impératrice Joséphine et un de la reine Hortense accompagnée de son fils. Les études qu'il fit pour reproduire fidèlement ces deux femmes qui avaient joué un si grand rôle sous le premier Empire, lui donnèrent l'idée de faire revivre les principaux personnages de « l'Épopée Impériale ».

A partir de 1862, en outre des toiles citées plus haut qui nous ramènent à l'époque heureuse de la Malmaison et qui figurent dans cette vente, il produit successivement la *Toilette du Sacre* (musée de Marseille), le *Pas de Gavotte* (musée d'Argentan), *Je ne pars plus, car vous avez pleuré* (musée d'Orléans) et les *Loisirs de la Malmaison*, qui appartiennent à M. Brewer, de Boston.

L'année terrible impressionna vivement Viger, elle lui inspira « *Les Corbeaux* », page troublante et émue, placée au musée de Morlaix, et il peignit à cette époque plusieurs études militaires qui ne seront pas le moindre attrait de la vente.

Après la guerre, il s'était remis aux tableaux de genre qui avaient fait sa réputation, quand la mort vint le surprendre.

On a accusé de sécheresse la manière de Viger. Je la trouve simplement précieuse. Cet homme, même dans ses conceptions les plus larges, est resté miniaturiste et c'est ce qui donne un véritable attrait à ses tableaux de genre, où l'on découvre, en les regardant avec soin, des qualités de modelé et de dessin, des finesses de touche que l'on n'y soupçonnait pas tout d'abord. En résumé, ces œuvres n'attirent pas mais retiennent le spectateur, et ce n'est pas un mérite vulgaire.

Je ne puis mieux clore ces quelques lignes qu'en disant que Viger fut un modeste, un timide, vivant dans sa maisonnette perdue sous les lilas et les clématites, loin des intrigues et des calculs, trouvant le bonheur dans la compagnie de sa femme et de quelques amis, heureux de peindre sans cesse et toujours, jusqu'au moment où, la palette et les pinceaux à la main, il tomba foudroyé par une congestion.

Albert TROUDE.

OEUVRES

D'HECTOR VIGER

 1 — *La Chambre de l'Impératrice Joséphine à la Malmaison.*

> Peinture à l'huile sur panneau d'acajou.
> Signée et datée dans le coin, à gauche.
>
> H. 1^m20. L. 0^m85.

 2 — *Le Souvenir de la Malmaison.* (Salon de 1866.)

> Peinture à l'huile sur panneau acajou.
> Dans les cadres sont placés les portraits des person-
> nages, au crayon, avec légende explicative.
> Signé au bas, à gauche.
>
> H. 0^m75. L. 0^m90.

 3 — *L'Entrevue du tsar Alexandre Ier et de Joséphine, à la Malmaison.* (Salon de 1864.)

> Peinture à l'huile sur panneau d'acajou.
> Dans les cadres, portraits au crayon des personnages,
> avec légende explicative.
> Signé au bas, à gauche.
>
> H. 0^m59. L. 0^m72.

4 — La Bonne Aventure. (Salon de 1878.)

Jeune Femme en costume Empire, se faisant lire dans la main par une vieille Italienne.

Signé en bas, à droite.

H. 0ᵐ45. L. 0ᵐ56.

5 — Pour les Pauvres, s'il vous plaît. (Salon de 1878.)

Jeune Femme en costume Empire, tendant une aumônière au pied d'un escalier de marbre.

Signé au bas, à gauche.

H. 0ᵐ80. L. 0ᵐ63.

5 bis — Les Lilas du voisin. (Salon de 1878.)

Peinture sur panneau d'acajou.

H. 0ᵐ62. L. 0ᵐ35.

6 — Louis-Napoléon Bonaparte, enfant.

Portrait d'après Quaglia (?).

Signé et daté à gauche.

H. 0ᵐ62. L. 0ᵐ55.

7 — L'Impératrice Joséphine, d'après une miniature de Saint.

Signé à droite.

H. 0ᵐ60. L. 0ᵐ55.

8 — Le Triomphe de Napoléon Iᵉʳ.

Toile exécutée d'après une lithographie de Prud'hon contenant les indications des colorations.

Signé dans le bas à gauche.

H. 0ᵐ38. L. 0ᵐ62.

9 — Le Prince Eugène en costume militaire, d'après Gérard.

Signé à gauche.

H. 0ᵐ60. L. 0ᵐ55.

10 — *Le Prince Eugène* en costume civil, d'après GÉRARD.

Signé à gauche.

H. 0m60. L. 0m55.

11 — *L'Impératrice Joséphine*, copie d'après GÉRARD.

Signée à gauche.

H. 0m60. L. 0m55.

12 — *La Reine Hortense*, d'après GÉRARD.

Signé à gauche.

H. 0m60. L. 0m55.

13 — *La Reine Hortense*, d'après QUAGLIA.

Signé à droite.

H. 0m60. L. 0m55.

14 — *Lucien Bonaparte*, d'après GÉRARD.

Signé à gauche.

H. 0m60. L. 0m55.

15 — *Caroline Murat*, née Bonaparte, d'après QUA-GLIA.

Signé à gauche.

H. 0m85. L. 0m70.

16-17 — *Junot d'Abrantès et Madame Junot.*

Deux Portraits, d'après QUAGLIA.

Signés à gauche.

H. 0m60. L. 0m55.

18 — *Madame Récamier*, d'après GÉRARD.

Signé et daté 1867.

H. 0m60. L. 0m55.

19 — *Joséphine costumée à l'Antique*, d'après APPIANI.

Signée et datée 1870.

H. 0m74. L. 0m59.

20 — *Les Jeux innocents.*

Panneau inachevé.
Signé à gauche.

H. 0^m73. L. 0^m92.

21 — *Eh quoi vous partez !*

Panneau inachevé.
Signé à gauche.

H. 0^m47. L. 0^m37.

22 — *La Reine Hortense*, copie d'après GÉRARD, extrait
du tableau du *Sacre*.

Signé à gauche.

H. 0^m56. L. 0^m46.

23 — *Flore et Zéphir.* (Salon de 1861.)

Grande composition de 1^m95 de hauteur sur 2^m50 de
largeur.
Signée à droite.

24 — *Le Réveil de Flore.*

Panneau acajou.

H. 0^m54. L. 0^m68.

25 — *La Neuvaine à Sainte-Geneviève (Panthéon).*
(Salon de 1875.)

Panneau en acajou.
Signé à gauche.

H. 0^m85. L. 1^m30.

26 — *Benedetta.* (Salon de 1876.)

Jeune femme en costume italien.
Signé à gauche.

H. 1^m30. L. 0^m85.

27 — *Le Toton, un instant de liberté.* (Salon de 1877.)

H. 0^m85. L. 1^m30.

28 — **Le Fauteuil bleu.**

> Petite Italienne se reposant après une séance de
> musique.
> Signé à gauche.
>
> H. 1m15. L. 0m85.

29 — **Charles VI et Odette.**

> Signé.
>
> H. 1m15. L. 0m85.

30 — **Démocrite et les Abdéritains. Salon de 1847.**

> Sujet tiré des Fables de La Fontaine.
> Signé à gauche et daté 1846.
>
> H. 2m. L. 2m50.

31 — **L'Incendie du Château de Saint-Cloud. (Salon
de 1879.)**

> Signé à droite.
>
> H. 1m40. L. 2m00.

32 — **Les Ruines du Château de Saint-Cloud.**

> H. 0m46. L. 0m79.

33 — **La Forge, Effet de jour. Scène militaire.**

> H. 0m33. L. 0m63.

34 — **La Forge, Effet de nuit. Scène militaire.**

> H. 0m33. L. 0m63.

35 — **La Toilette. Scène militaire.**

> H. 0m33. L. 0m63.

36 — **La Lecture. Scène militaire.**

> H. 0m33. L. 0m63.

37 — **Vue de Normandie.**

> H. 0m33. L. 0m60.

38 — *Vue de Normandie.*

H. 0^m33. L. 0^m60

39 — *Vase en faïence contenant des roses.*

Nature morte sur panneau acajou.
Signature et dédicace.

H. 0^m39. L. 0^m24.

40 — *Le Grand-Père.*

Portrait ovale.

Haut. 0^m58.

41 — *Le Grand Oncle.*

Portrait ovale.

Haut. 0^m58.

42 — *Portrait de Viger*, par lui-même.

H. 0^m60. L. 0^m55.

43 — *La première distribution des Croix de la Légion d'honneur dans l'Église des Invalides.*

Esquisse du tableau d'après DEBRET qui se trouve au Palais de la Légion d'honneur.

H. 0^m22 L. 0^m35.

44 — *Le Pas de gavotte.*

Esquisse du tableau figurant au Musée d'Argentan.

45 — *La Toilette du sacre.*

Esquisse du tableau figurant au Musée de Marseille.

46 — *Les Loisirs de la Malmaison.*

Esquisse du tableau figurant dans la collection de M. Brewer, de Boston.

47 — *Le Souvenir de la Malmaison.*

Esquisse du tableau figurant dans la vente.

48 — *Pour les Pauvres, s. v. p.*

Esquisse d'un tableau désigné d'autre part.

49 — *Corinne.*

Esquisse d'un tableau figurant au Musée de Cherbourg.

50 — *La Chambre de Joséphine à la Malmaison.*

Esquisse d'un tableau désigné d'autre part.
Signée et datée 1868.

51 — *Tête de Femme.*

Étude signée à gauche.

52 — *Deux Têtes d'étude.*

Signées.

53 — *Portrait de jeune Femme en costume Louis XV.*

Pastel ovale signé.

Haut. 0ᵐ95.

54 — *La Tasse de café.*

Portrait de femme en costume Louis XV.
Pastel.

H. 0ᵐ80. L. 0ᵐ60.

55 — *Jésus, Moïse et Élie.*

Trois cartons de vitraux exécutés pour l'église Saint-Leu, à Paris.

56 — Un Carton contenant diverses Esquisses et Études
au crayon relatives aux tableaux les plus célèbres de
Viger.

57 — Un Carton d'Études de mains, pieds, têtes et accessoires, dessinées au crayon et à l'estompe.

58 — Carton contenant des calques de divers tableaux de VIGER et autres.

59 — Un Carton de cinq Albums de notes et croquis par VIGER. Documents sur la Malmaison.

60 — Un Carton contenant des Portraits de personnages célèbres du 1er Empire.

61-65 — Cinq Cartons contenant des Gravures anciennes, Lithographies, Esquisses diverses.

66 — Un Carton d'Études à l'huile, non montées.

67 — *Les Jeux innocents.*

Dessin à l'estompe sous verre.

67 bis — *Joséphine.*

Dessin à l'estompe d'après PRUD'HON.

H. 0m65. L. 0m50.

TABLEAUX ET DESSINS

DE

Mme PERRINE VIGER

68 — *L'Automne.* (Salon de 1861.

Grande nature morte composée de gibier, fruits et légumes groupés dans un fond de paysage.
Signé.

H. 1^m36. L. 1^m65.

69 — *Jocelyn dans la montagne.*

Peinture à l'huile.
Signée.

H. 0^m62. L. 0^m54.

70 — *La Veuve.*

Peinture à l'huile.
Signée.

H. 0^m55. L. 0^m45.

71 — *Vase de fleurs.*

Peinture à l'huile.

H. 0^m65. L. 0^m78.

72 — Les Lilas.
Peinture à l'huile.
Signée.
H. 0m54. L. 0m70

73 — Phœbé.
Peinture à l'huile.
Signée.
H. 0m45. L. 0m55.

74 — Sujet tiré du poème intitulé : Eloa.
Peinture à l'huile.
H. 0m65. L. 0m50.

75
76 — Deux Paysages de la Bourgogne formant pendants.
H. 0m38. L. 0m45.

77 — Paysage bourguignon.
Peinture à l'huile.
H. 0m35. L. 0m60.

78 — Paysage au clair de lune.
Peinture à l'huile.
H. 0m35. L. 0m60.

79 — Naïade.
Peinture à l'huile.
H. 0m51. L. 0m62.

80
81
82
83 — Quatre Paysages pris à la Malmaison.
Peinture à l'huile.
H. 0m38. L. 0m52.

84 — Intérieur de l'atelier de Viger.
Peinture à l'huile.
H. 0m56. L. 0m78.

84 bis — Ruines du Château de Saint-Cloud.
Dessin au crayon.

85 — *Le Château de Saint-Cloud incendié.*

Fusain.

H. 0^m52. L. 0^m95.

86 — Dix Cartons de fusains, par Mme PERRINE VIGER.

86 *bis* — Une importante série d'Études non encadrées, peintes par VIGER et Mme PERRINE VIGER, sur toiles et sur panneaux d'acajou. Paysages, natures mortes, effets de ciel, etc...)

---

87 — *Mlle de La Vallière en Sainte Catherine.*

Portrait ovale attribué à MIGNARD.

H. 0^m80. L. 0^m64.

88 — *La Ronde des Saisons.*

Gravure d'après LE POUSSIN.

OBJETS D'ART
CURIOSITÉS, COSTUMES. LIVRES
USTENSILES D'ATELIER

---

89 — Pendule style Empire, en bronze doré. Sujet : *Appollon conduisant son char, guidé par Minerve.* Signé MORÉ, sur le cadran formé par une des roues. Mécanisme intact.

90 — Deux Flambeaux à trois lumières, en bronze doré de style Empire. Parfait état de conservation.

91 — Deux Vases ovoïdes à anses dauphins, ornés d'un paysage en peinture sur chaque face. Palmettes et godrons en relief, plein or. Porcelaine dure. Marque: JELLY, à PARIS.

92 — *Service à café en porcelaine de Paris.* Forme calice, anse volute, fond bleu, frise en or. Intérieur plein or, composé de : une Cafetière, un Pot à sucre, un Pot à lait, six Tasses et Soucoupes, une Corbeille de milieu découpée. Marque : BEROCHE, à PARIS.

93 — Quatre Chandeliers en cuivre. Style Louis XIV.

- - -

94 — *Portrait de Mme de La Valette.*
> Mignature ovale dans un médaillon en bronze doré.
> Signé : H. VIGER.

95 — *Portrait de Femme,* à mi-corps, en costume Empire.
> Miniature sur ivoire dans un cadre ovale en bois noir.
> Auteur inconnu.

96 — *Portrait d'Homme* en costume du XVIIIe siècle.
> Miniature sur vélin, de forme ovale, non encadrée.

- - -

97 — Peigne Empire cuivre doré et perles de verre.

98 — Six Pièces en faïence de Nevers et Delft. Pièces ébréchées ou fragmentées.

99 — Petite Glace à cadre Louis XVI en bois blanc à filets d'or, avec médaillon à sa partie supérieure.

100 — Chevalet Empire en acajou, montants ornés de têtes de cygnes et de palmettes sculptées.

101 — Grande Psyché en acajou avec bronzes dorés. Style Empire.

102 — Commode-Toilette. Psyché en acajou avec bronzes dorés, intérieur en marbre blanc.

103 — Petite Vitrine à deux battants en marqueterie de Boulle.

104 — Mobilier de salon en acajou, a têtes de lion sculptées. Style Empire, composé de : un Canapé, quatre Fauteuils.

105 — Couchette Louis XVI à colonnettes sculptées, bois peint en blanc et filets bleus, garniture intérieure en étoffe ornée de fleurs.

106 — Deux Chaises Louis XVI, bois blanc à filets bleus, semblables à la couchette.

107 — Quatre Chaises Directoire, bois peint en blanc avec filets jaunes, sièges en velours d'Utrecht.

108 — Deux Fauteuils Louis XV, en bois sculpté.

109 — Un grand Fauteuil Louis XV, en bois sculpté et doré.

110 — Un Piano droit, palissandre a colonnes torses, Fabrique de DENNERY, à PARIS.

111 — Une Harpe en bois sculpté, ornements dorés.

112 — Une Commode Régence en noyer, avec ses bronzes, tiroirs bombés.

113 — Une Commode en marqueterie Louis XIV, à trois tiroirs.

114 — Une Commode Régence en noyer, avec bronzes.

115 — Une Glace Louis XV, à bords ondulés, guir-
landes de roses sculptées sur le cadre doré.

———

116 — Importante série de Dentelles, Costumes L. XVI
et Empire, comprenant entre autres : une Taie
d'oreiller au chiffre de Pauline Borghèse, couronné ;
sept Châles Empire de diverses couleurs ; cinq
Blondes et plusieurs Gilets de soie et de lingerie
fine ; Costumes militaires et autres.

———

117 — Album de Romances composées par la reine
Hortense avec dédicace manuscrite : *A la duchesse
de Bassano, 1814. Hortense.* Reliure du temps en
chagrin poli rouge avec fers dorés et chiffre de la
reine.

118 — Un lot de Livres, parmi lesquels : *une Bible*
datant de Henri IV, avec fermoirs. — BONNARD,
Costumes des XIII, *XIV* et *XV* siècles*, 2 vol. —
L'Armeria reale de Madrid, 2 vol. — BERNARD
PICARD, *Les Pierres gravées*, 1724.

119 — Collection de Gravures de modes du Directoire
et du I*er* Empire.

120 — Collection de Gravures de modes de 1840 à 1860.

———

121 — Plusieurs excellents Chevalets à crémaillère,
Palettes en noyer, Boites à couleurs panneaux d'acajou, Plâtres d'étude et autres Accessoires de peintre.